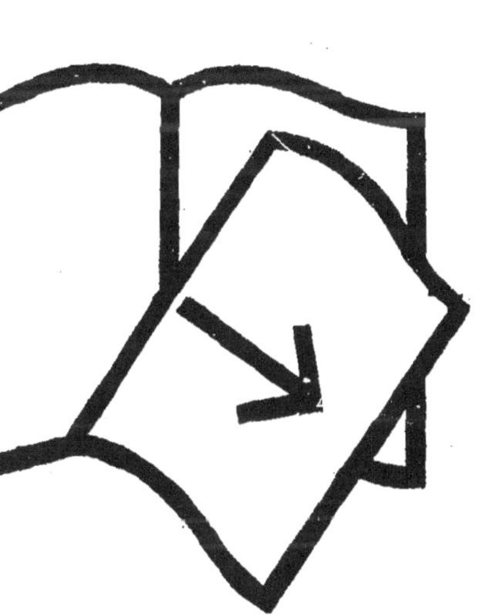

Couverture inférieure manquante

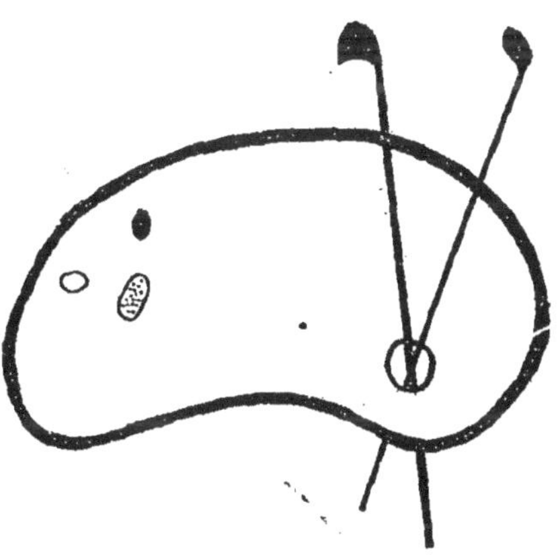

ORIGINAL EN COULEUR
NF Z 43-120-8

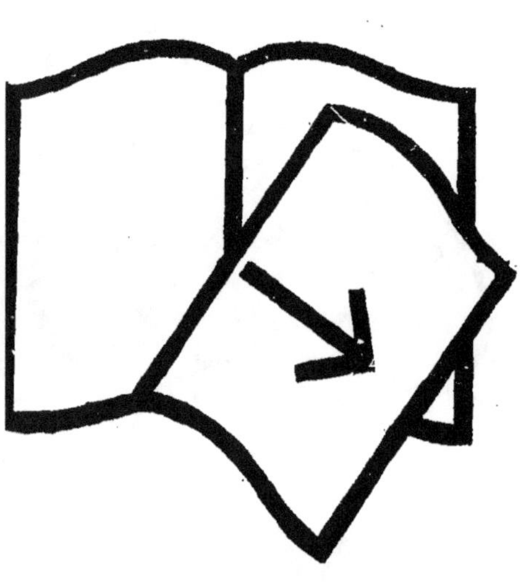

Couverture inférieure manquante

ORIGINAL EN COULEUR
NF Z 43-120-8

S. BOUTON, graveur, peintre-paléographe.

ET DES
ARMOIRIES

DESTINÉ AUX

Artistes et aux Gens du Monde

D'APRÈS MÉNÉTRIER, D'HOZIER

etc., etc.

L. BOUTON
Libraire-Éditeur

1, rue de Crébillon.

1884

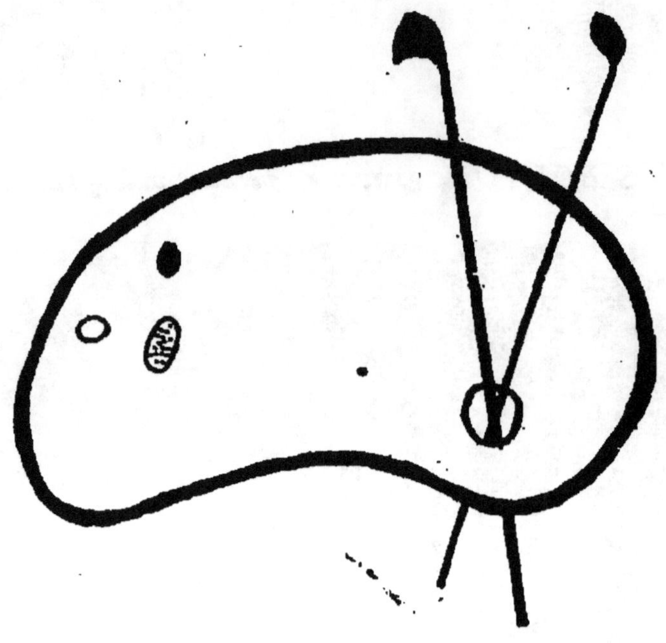

ORIGINAL EN COULEUR
Nº Z 43-120-8

L. BOUTON, graveur, peintre-paléographe

TRAITÉ DE LA SCIENCE

DU

BLASON ET DES ARMOIRIES

DESTINÉ

AUX ARTISTES ET AUX GENS DU MONDE

d'après les meilleurs ouvrages de

MÉNÉTRIER, D'HOZIER, etc., etc.

PARIS

LOUIS BOUTON, LIBRAIRE-ÉDITEUR

1, Rue de Crébillon.

1881

LE

VÉRITABLE ART DU BLASON

OU LA

Pratique des Armoiries.

—

Le *Blason*, ou l'art héraldique, consiste en la connaissance des termes propres des armoiries. Pour le définir d'une manière plus claire et plus complète, on peut dire que le *Blason* est la science de construire les armoiries. Cet art, en France, a commencé vers le XIIᵉ siècle sous le règne de Louis VII. Le mot de *Blason*, vient de l'allemand *Blasen*, qui signifie sonner du Cor, parce que ceux qui allaient au tournois, sonnaient de leur trompe, prouvant ainsi leur noblesse pour s'y faire recevoir.

Pour connaître le *Blason*, il suffit de bien savoir les choses suivantes :

Le Champ, sur lequel sont placées les armoiries;

Les Emaux des armoiries ;

Les Partitions ;

Les Pièces honorables ;

Les Diminutions des pièces honorables et plusieurs pièces considérables;

Les autres figures diverses qui peuvent composer les armoiries ;

La position des figures dans l'écu ;

La Disposition des figures dans les armoiries;

Les Ornements qui accompagnent les armoiries, c'est-à-dire les ornements extérieurs.

Les armoiries les plus considérables de France.

CHAPITRE PREMIER

DES ARMOIRIES

Les armoiries sont des marques d'honneur, elles étaient données autrefois par les princes, pour récompenser les grandes actions, et distinguer les familles.

Le champ ordinaire des armoiries est l'écu, qui est composé de cinq angles et de cinq lignes, une en haut, deux en flanc et deux en pointe.

On figure l'Ecu de plusieurs manières :

En France.

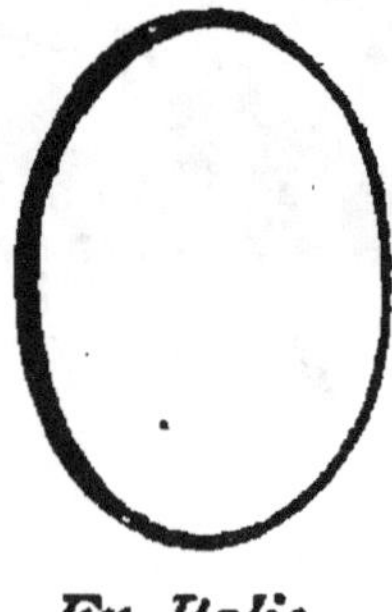

En Italie.

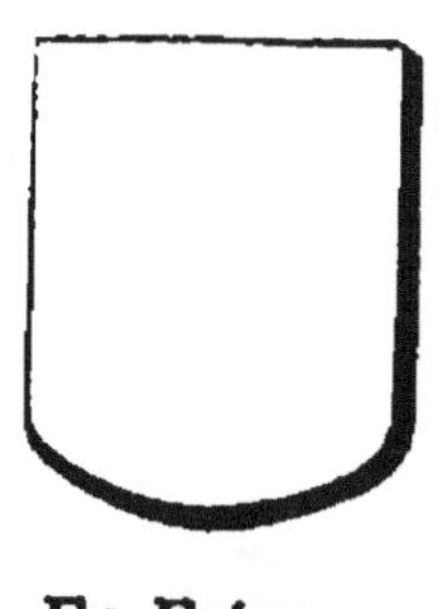

En Espagne.

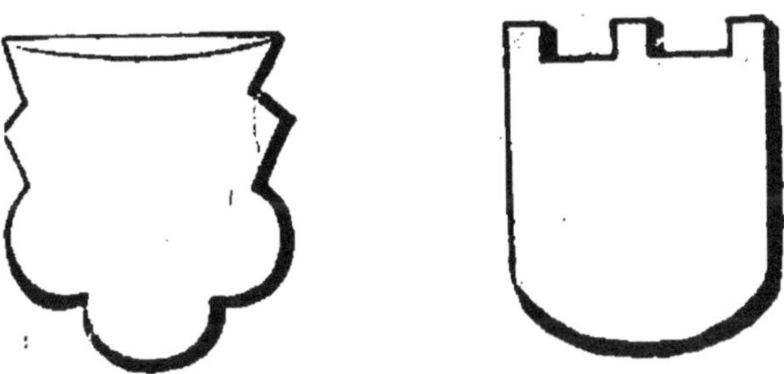

En Allemagne.

Les filles en France le figuraient autrefois en losange.

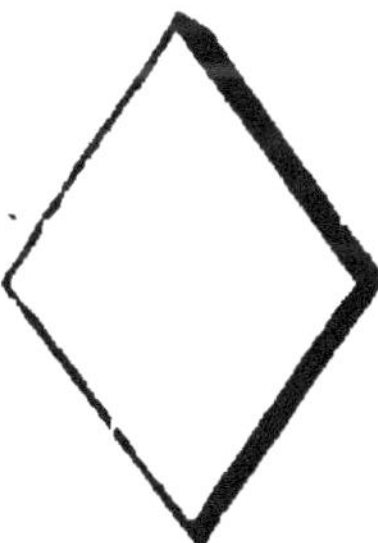

Les filles en France.

Les femmes mariées l'ont *party* ou accolé.

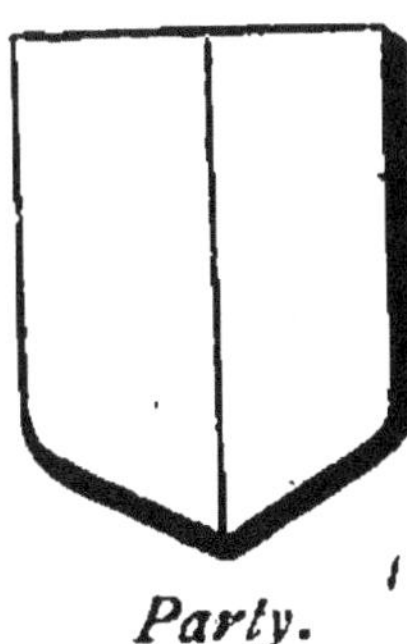

Party.

Accolé.

CHAPITRE II

LES EMAUX DES ARMOIRIES

On distingue dans le *Blason* deux sortes d'émaux : Les métaux et les couleurs. Les deux seuls métaux dont on se sert pour les armoiries sont l'or et l'argent.

Dans la plupart des riches collections de manuscrits que les bibliothèques possèdent, l'or est remplacé par la couleur jaune, l'argent par le papier nu. L'or est marqué dans les gravures avec des petits points.

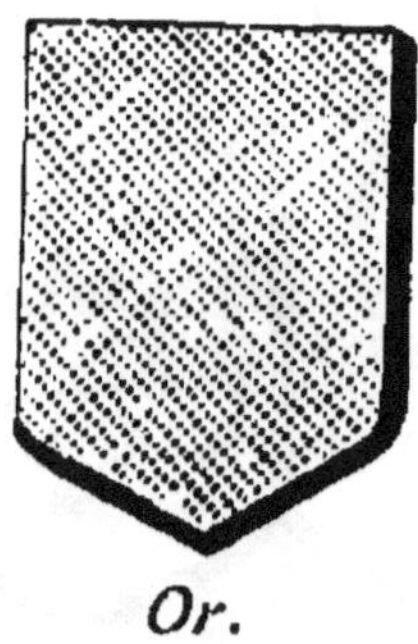

Or.

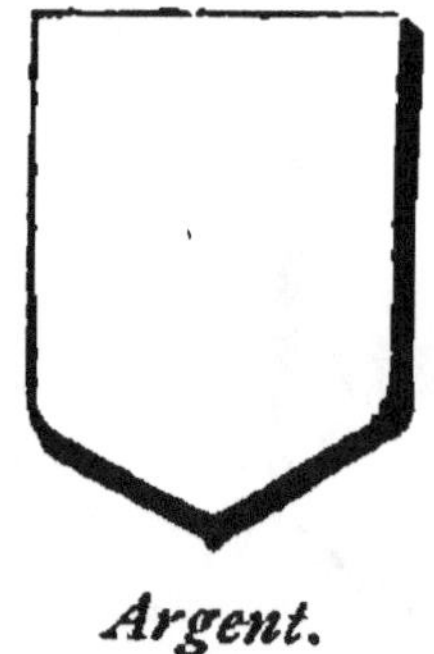

Argent.

L'argent se représente avec fond blanc, c'est-à-dire sans aucun trait.

Les couleurs dont on se sert pour peindre les armoiries sont :

Gueules, qui est rouge.

Azur, qui est bleu.

Sinople, qui est vert.

Sable, qui est noir.

Pourpre, mêlée de gueules et d'azur.

Autrefois, pour distinguer les armées, on se servait de l'or, du rouge, du bleu et du noir. Les boucliers des soldats et les drapeaux étaient peints de six couleurs, auxquelles on a donné le nom d'émaux.

Le Gueules est marqué dans les gravures avec des lignes perpendiculaires, qui sont tirées de haut en bas.

Le Gueules.

L'Azur est réprésenté par des lignes horizontales, tirées d'un flanc à l'autre.

L'Azur.

Le Sinople par des lignes diagonales tirées d'un côté de l'Ecu à l'autre, de droite à gauche et de haut en bas.

Le Sinople.

Le Sable par des lignes croisées les unes sur les autres, c'est-à-dire verticales et horizontales, ou bien noir.

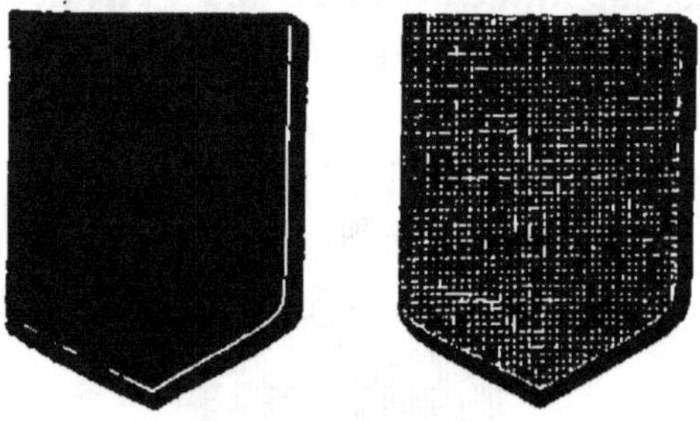

Le Sable.

Le Pourpre se marque par des lignes diagonales,
tirées de gauche à droite, d'un côté à l'autre.

Le Pourpre.

Il y a un émail qui n'est ni métal ni couleur, on en
distingue deux sortes, fourrures ou pennes, qui dans le
blason tiennent souvent la place des autres émaux et s'ap-
pellent Hermine et Vair.

L'hermine est un animal gros comme une belette. Son poil est si doux et si blanc que les souverains s'en servent depuis bien des siècles.

Les ducs de Bretagne sont les premiers qui aient introduit cette fourrure dans leurs armoiries.

L'Hermine.

De l'hermine, on forme la contre-hermine, en faisant le fond noir et les mouchetures blanches.

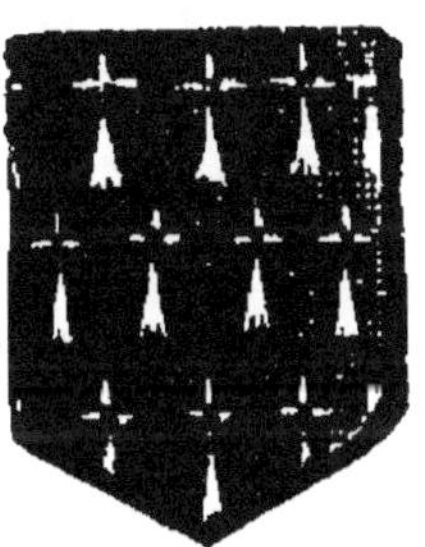

La Contre-hermine.

Le vair, est un petit animal du Nord, qui a le dos d'un gris approchant du bleu ou azur et le dessous du ventre extrêmement blanc.

Le Vair.

Du vair, on forme le contre-vair, en opposant les vairs les uns aux autres.

Le Contre-vair.

Le Vairé contre-vairé d'or.

On ne doit jamais mettre métal sur métal, ni couleur sur couleur, ou alors les armoiries seraient fausses.

Quelques-unes font exception à cette règle; dans ce cas, on les appelle :

Pour enquérir :

Vertus théologales des émaux :

L'Or signifie.	la Foi.
L'Argent	l'Innocence.
L'Azur.	la Tempérance.
Le Gueules	la Charité.
Le Sable	la Prudence.
Le Sinople	l'Espérance.
Le Pourpre	la Justice.

CHAPITRE III

DES PARTITIONS

On appelle partitions les divisions qui partagent l'Ecu en plusieurs parties.

Les quatre principales partitions, dont toutes les autres sont composées, sont :

Party, — coupé, — tranché, — taillé.

L'Ecu est dit party, lorsque le trait est fendu par une ligne perpendiculaire qui partage l'Ecu en deux parties égales.

Le Party.

Le coupé se fait par une ligne horizontale qui divise l'Ecu en deux parties égales.

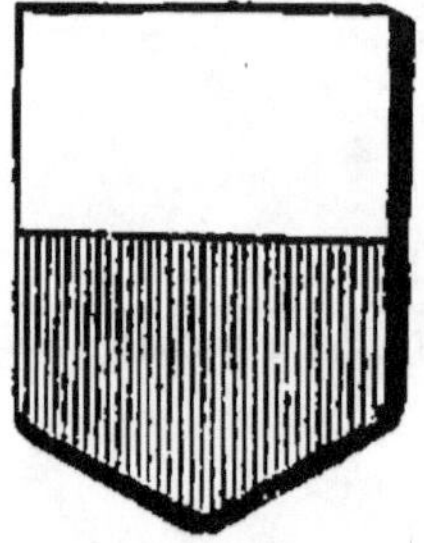

Le Coupe.

Le tranché se fait par une ligne diagonale tirée de l'angle droit d'en haut à l'angle gauche d'en bas.

Il faut remarquer que cette droite et cette gauche sup-posent un chevalier portant son écu.

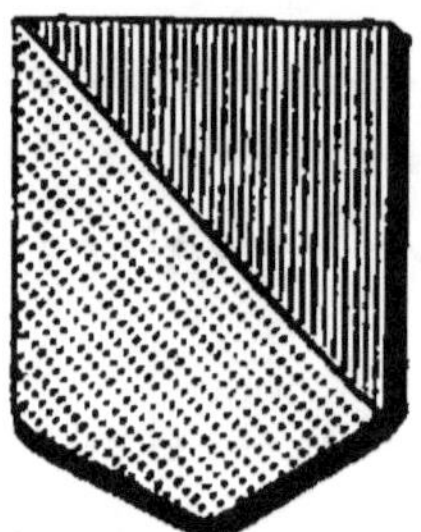

Le Tranché.

Le taillé se forme par une ligne diagonale, qu'on tire de l'angle gauche d'en haut à l'angle droit d'en bas.

Le Taillé.

Il y a aussi le tiercé, qui se fait par deux lignes partageant l'Ecu en trois parties égales. On peut tiercer un Ecu de plusieurs manières. Exemple :

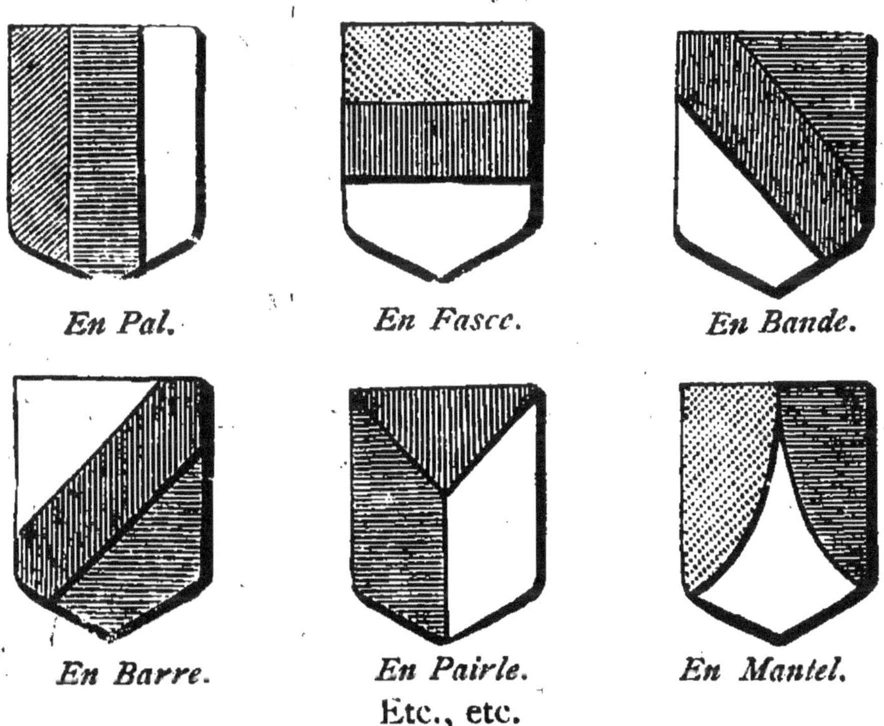

En Pal.   En Fasce.   En Bande.

En Barre.   En Pairle.   En Mantel.

Etc., etc.

Il y a encore l'écartelé, qui s'obtient de deux manières, en croix et en sautoir. L'écartelé en croix, qui se nomme seulement écartelé, se fait par deux traits croisés, qui partagent l'Ecu en quatre quartiers égaux.

L'Écartelé.

L'écartelé en sautoir se forme par deux lignes diagonales qui sont croisées.

Écartelé en sautoir.

L'Ecu peut-être écartelé et contre-écartelé dans un ou plusieurs quartiers.

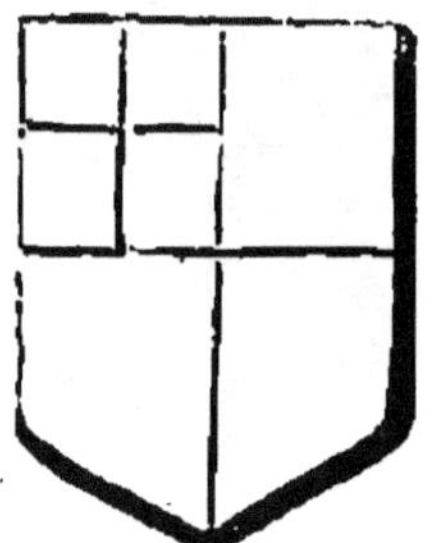

Écartelé et contre-écartelé.

Il peut aussi être écartelé et party, ou tranché, ou taillé dans tous ses quartiers.

Écartelé et party.

Des quatre lignes dont nous venons de parler et dont on se sert pour composer un Ecu en quatre façons différentes, on fait le coupé, tranché, party, taillé dans le même Ecu.

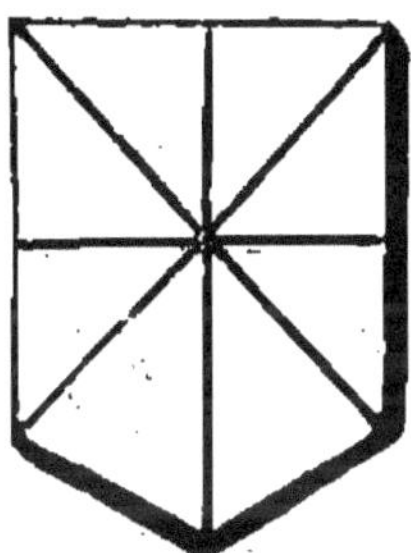

Coupé, tranché, party, taillé dans le même écu.

De ces quatre lignes, jointes ensemble, naissent encore d'autres partitions qui servent, aussi bien que les précédentes, à distinguer les quartiers des alliances.

Ces partitions sont :

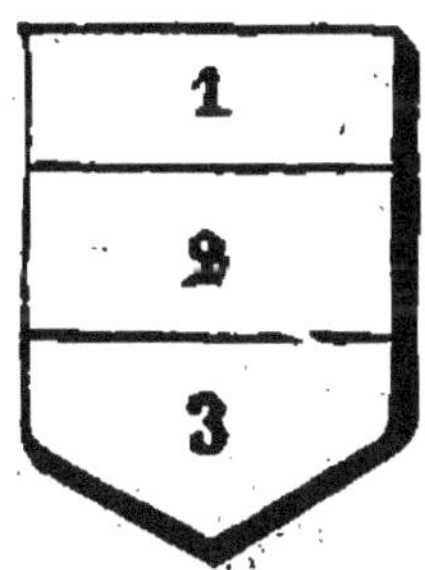

Coupé de deux.

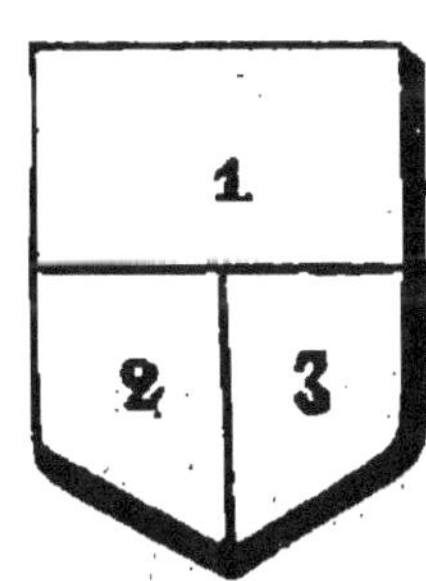

Coupé mi-party vers la pointe.

Écartelé et party le premier.

Écartelé et party le second.

Party de deux, coupé d'un.

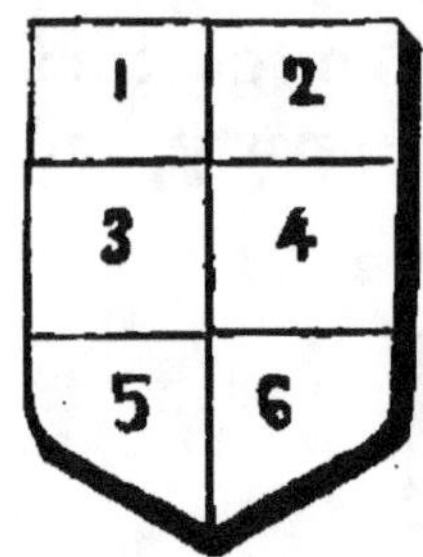

Party, coupé de deux.   *Party de deux, coupé de deux.*

Pour blasonner les Ecus qui sont ainsi divisés, il faut remarquer le nombre des quartiers et commencer toujours par les premiers, qui sont ceux du chef, et ensuite continuer par ceux de la pointe.

Il y a aussi d'autres partitions qui ne divisent pas l'Ecu en parties égales, comme

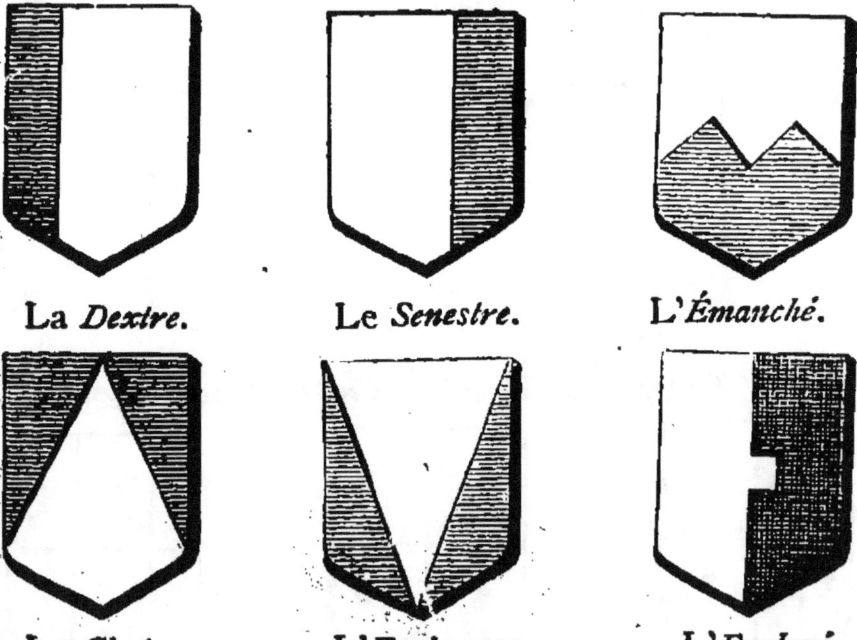

La *Dextre*.   Le *Senestre*.   L'*Émanché*.

Le *Chape*.   L'*Enchausse*.   L'*Enclavé*.

En blasonnant cette dernière partition, l'on dit : party d'argent, enclavé de sable, à senestre.

L'embrassé, qui peut être mis à dextre ou à senestre.

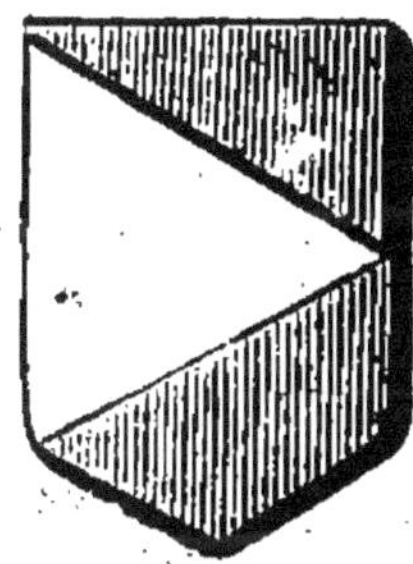

L'*Embrassé*
à *senestre*.

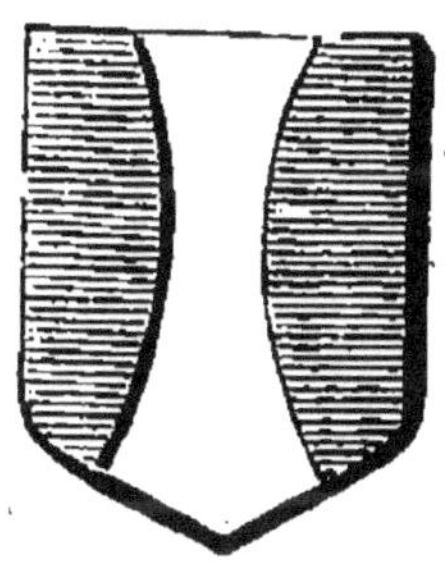

Le *Flanqué*.

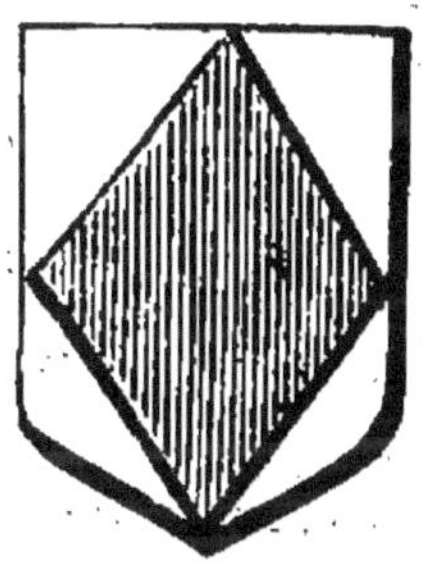

Le *Vetu*,
synonyme de *Chapé*.

On voit encore, dans plusieurs Ecussons, d'autres partitions qui ne divisent pas non plus l'Ecu en parties égales et qui ne sont faites que par des demi-traits. Par exemple, DARPO, porte : mi-coupé en chef, failli en taillant et recoupé vers la pointe de gueules et d'argent.

Darpo.

CHAPITRE IV

LES PIÈCES HONORABLES

Les Hérauts ont nommé honorables les neuf pièces suivantes, auxquelles ils ont ajouté l'Orle ; ils les ont appelées Pièces Honorables parce qu'elles occupaient le rang le plus honorable dans l'Écu que portaient les plus nobles chevaliers.

Ce sont :

Le *Chef.*

La *Fasce.*

La *Bande.*

La *Barre*.

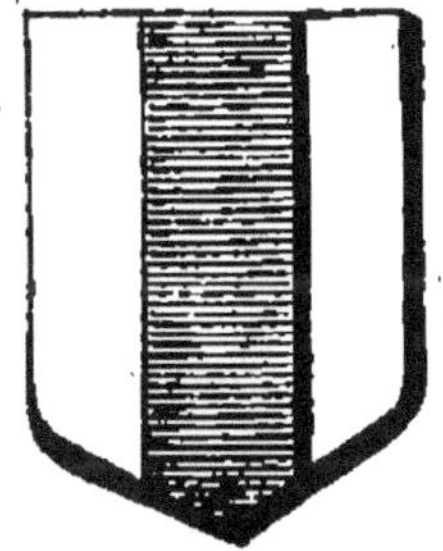

Le *Pal*.

Le *Chevron*.

La *Croix*.

Le *Sautoir*.

La *Bordure*.

L'*Orle*.

Quelques-uns y ont joint les neuf pièces suivantes :

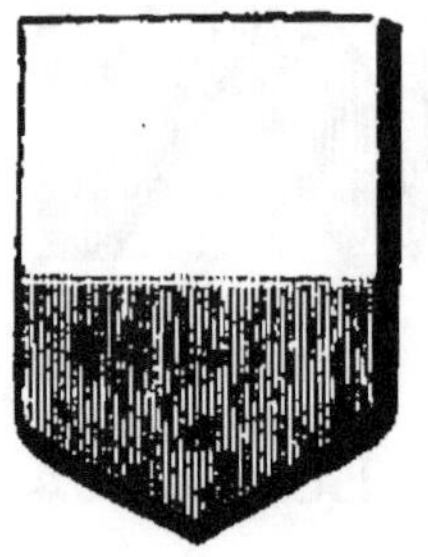

La *Champagne*.

Le *Pairle*.

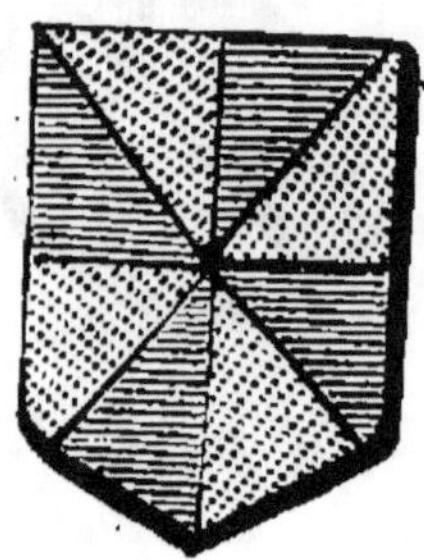

Le *Gironné*.

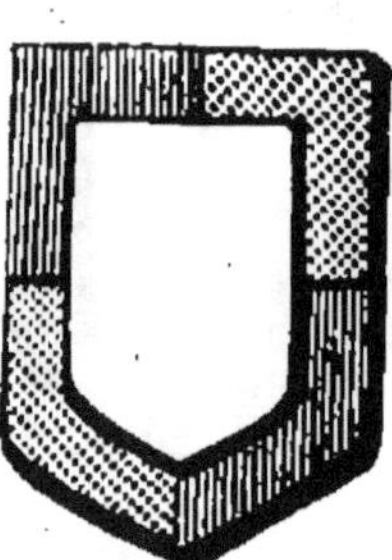

L'*Écusson*.

Le *Franc-Quartier*.

Le *Trescheur*

La *Pile*.

Le *Canton*.

Le *Chef-Pal*.

On appelle les Pièces honorables de la sorte, parce qu'on les a mis en usage, dès qu'on a mis les armes en pratique.

Le Chef représente le casque ;

Le Pal, la lance ;

La Bande et Barre, le baudrier ;

La Face, l'écharpe ;

La Croix et le Sautoir, l'épée ;

Le Chevron, la botte et les éperons ;

La Bordure et l'Orle signifient la cotte d'armes.

CHAPITRE V

DES DIMINUTIONS

DES PIÈCES HONORABLES, ET DE PLUSIEURS PIÈCES

CONSIDÉRABLES QUE L'ON PEUT Y JOINDRE

Il faut comprendre encore, dans les Partitions dont nous avons parlé, les diminutions des Pièces honorables, savoir :

Le *Comble*, qui est un Chef diminué.

La *Devise*, qui est une Fasce diminuée d'un tiers.

'Les *Trangles*, qui sont des Fasces diminuées de la moitié et se mettent en nombre impair.

Les *Burelles*, qui sont des Fasces diminuées de deux tiers.

Les *Jumelles*, qui sont comme de petits rubans, et qui

se mettent toujours deux à deux, soit en pal, soit en face, en bande, en barre, en chevron, etc. Alors on dit : Croix jumellée, sautoir jumellé, bande jumellée, barre jumellée, chevron jumellé, etc.

Les *Tierces*, qui sont de la même largeur et qui se mettent trois à trois.

La *Cottice*, qui n'a que la moitié de la Bande.

Le *Bâton*, qui a le tiers de la Bande.

Quand le Bâton est raccourci, il se nomme péri en bande.

Et s'il est mis de gauche à droite, alors il est péri en barre. C'est une marque de bâtardise.

Le *Filet*, qui n'a que le quart de la Fasce ou de la Bande.

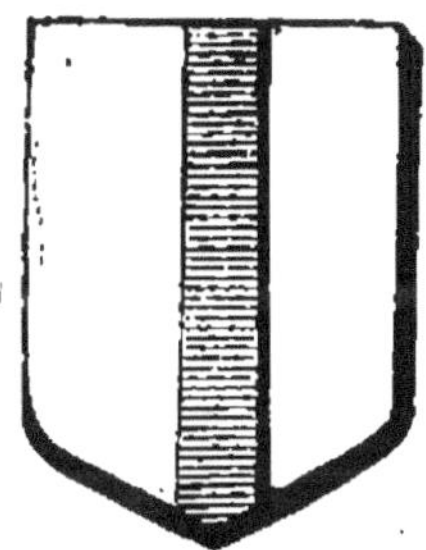

La *Vergette*, qui est un demi-Pal.

L'*Étaïé*, qui a le quart de la largeur du Chevron.

Le *Flanquis*, qui est le tiers du Sautoir.

La *Trillière*, qui est une Bordure diminuée.

L'*Engrelure*, qui a le quart de la Bordure.

Le *Filet en croix*, c'est-à-dire la croix, qui n'a que sa quatrième partie.

Quand l'écu est rempli de cottices à distances égales et alternées de métal et de couleurs, il se dit cotticé : s'il est rempli de vergettes, vergetté : de burelles, burellé ; d'Etaïe, étaïé.

Il faut de plus ajouter ici quelques autres pièces considérables du Blason ; quoi qu'elles soient d'un ordre bien différent de celui des précédentes. On les appelles Séantes-partitions et elles remplissent tout l'Ecu à distances égales ; ce sont :

L'*Échiquier*.

Les *Points équipollés*.

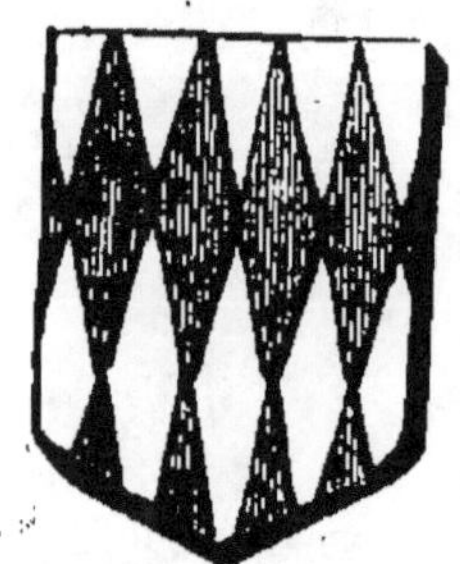

Le *Fuselé*.

Le *Losangé*.

Le *Fretté*.

Les Fusées, qui sont le symbole de la droiture, de la prudence et de l'équité.

Le Treillissé qui est le même que le fretté, avec cette différence, qu'étant un peu plus serré il s'y forme des vides un peu plus petits, et qu'il est ordinairement cloué sur les traverses, ce qu'on doit expliquer quand les clous ou chevilles sont d'autres émails.

Le *Treillissc*.

Le *Papillonné*.

Le Papillonné, qui se dit de l'écu rempli de ces petites marques, qui paraissent sur les ailes des papillons.

Le *Plumeté*.

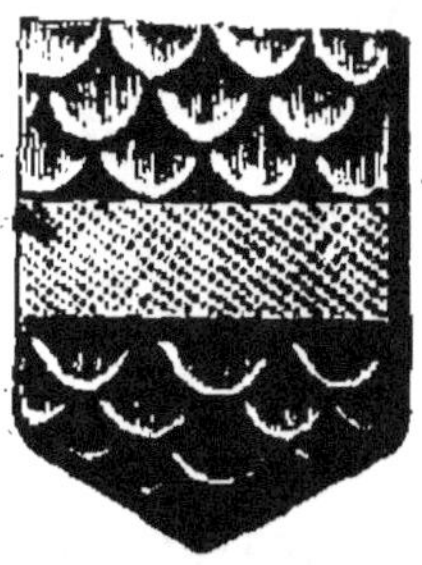

Le *Découpé*.

A ces pièces ajoutons encore les suivantes :

Le *Besans*

Le *Tourteaux.*

Les Besans, qui ne sont autre chose que des pièces de monnaie d'or et d'argent. Ces pièces de monnaie ont tiré leur nom de la ville de Constantinople, qui s'appelait autrefois Bizance. Au retour des Croisades, les chevaliers en rapportaient qui étaient d'or. Lorsque l'écu en est rempli, on l'appelle Besanté.

Les Tourteaux, qui sont ainsi appelés à cause de leur forme ronde. Quoi qu'ils soient formés comme les Besans, il y a néanmoins cette différence que les Besans sont toujours d'or et d'argent, tandis que les Tourteaux peuvent être de quelque autre couleurs.

Les Besans et les Tourteaux représentent le ciel, le monde.

Les *Macles.*

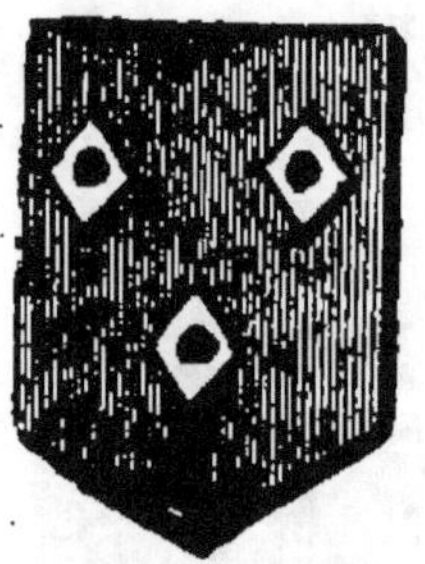

Les *Rustres.*

Les Macles qui sont différentes des Losanges, en ce

qu'on les perce en losanges au milieu. Si l'écu est tout rempli de Macles on l'appelle maclé.

Les Rustres, qui diffèrent des Macles, en ce qu'elles sont percées en rond au milieu.

Les Losanges et les Macles signifient sagesse, constance.

Les *Billettes*.

Les Billettes, qui sont des figures à quatre angles, plus longues que larges, et qu'on met ordinairement toutes droites dans l'écu qu'on dit billeté lorsqu'il en est rempli.

Les *Annelets*.

Les *Vires*.

Les Annelets, qui sont de petits anneaux.

Les Vires, qui sont plusieurs anneaux, qui se rencontrent, dans l'écu, les uns dans les autres. En blasonnant, il en faut spécifier le nombre.

CHAPITRE VI

FIGURES

DONT ON PEUT COMPOSER LES ARMOIRIES ; ELLES SONT

DE QUATRE GENRES :

1º Celles qui sont propres du Blason ;
2º Les Figures naturelles ;
3º Les Artificielles ;
4º Les Chimériques.

Par Figures propres du Blason, on entend toutes les partitions, les pièces honorables, les séantes-partitions et les autres que nous avons fait connaître ci-dessus. Les Armoiries qui sont composées de ces pièces sont les plus belles selon l'Art du Blason. Ce sont celles qui sont le plus souvent employées.

Les Figures naturelles sont les Astres, les Météores, les Eléments des montagnes, les Pierreries, les Plantes, les Animaux, le Corps humain, ses Parties, etc. Ce sont les Chevaliers, au temps des Tournois, qui ont introduit toutes ces figures dans les Armoiries : car ils s'en servaient beaucoup, et ils prenaient plaisir à se faire appeler *Chevaliers du Soleil, Chevaliers de l'Étoile, du Dauphin, du Lion, du Cygne,* etc.

Comme de toutes les figures naturelles, il n'y en a presque pas qui soient plus en usage dans le Blason que le Lion et le Léopard, il est à propos de dire de quelle manière on les distingue l'un de l'autre, afin que ceux qui ont coutume de les confondre ne tombent pas dans cette erreur. On reconnaît le Léopard en ce qu'il est toujours passant la tête de front, avec les deux yeux et les oreilles, et ayant la queue repliée en dehors. Le Lion, au contraire, ne montre qu'un côté et porte la queue repliée en dedans. Quand il est dans la posture du Léopard, on l'appelle *léopardé ;* s'il n'a point de queue, *diffamé ;* lorsqu'il n'a pas la marque de son sexe, *éviré ;* s'il a une queue de dragon, *dragonné ;* quand il montre la marque de son sexe d'autre émail, *vilené,* etc. De même quand le Léopard est dans la posture du Lion, il est appelé *Lionné.*

Nous donnerons ici la signification du Lion, y joindrons celles de quelques autres animaux dont les figures entrent dans le Blason.

Le Lion signifie la générosité et le courage.
La Colombe, la douceur et l'amitié.
Le Coq, la vigilance.
La Cigogne, la piété envers les parents.
La Mouche à miel, la concorde.

Le Chien, la fidélité.

Le Cheval, la docilité.

La Fourmi, la prévoyance.

Le Serpent, la prudence.

L'Aigle, de même que le Lion, est une des plus excellentes pièces qui entrent dans la science des armoiries.

Il signifie la valeur, la générosité et le courage.

Dans les Figures artificielles, on comprend tous les instruments de Musique, des Cérémonies Sacrées et Royales, de Guerre, de Chasse et de Pêche ; des Arts mécaniques, les Ustensiles de ménage, les Batteries de cuisine, les Habits, les Bâtiments, etc. La plupart de ces figures artificielles ont été souvent introduites dans les Armoiries, par le rapport qu'elles avaient avec les noms des familles qui les portaient.

Les Figures chimiques sont celles d'êtres qui n'ont jamais existés, comme les Centaures, les Hydres, les Harpies, les Sirènes, etc., etc.

CHAPITRE VII

LA POSITION DES FIGURES

DANS L'ÉCU

Il y a des figures que l'on nomme *héraldique*, parce qu'elles sont propres du Blason, ont une situation fixe dans l'écu, et n'y sont ordinairement posées que de la même manière. Ce sont: le Chef qui occupe toujours le haut de l'écu, la Face qui occupe le milieu horizontalement, le Pal, le Chevron, la Croix, le Sautoir, le Pairle, le Canton, la Bande, la Barre, etc. Néamoins on peut les oter de leur place naturelle pour leur donner une autre situation ; par exemple, l'on met quelquefois un pal en flanc dextre, ou flanc Senestre.

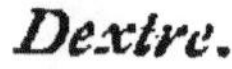

Dextre. *Senestre.*

Une face peut être haussée ou bien abaissée.

Haussée. *Abaissée.*

Un Chef peut de même être abaissé sous un autre Chef.

Le Chevon peut aussi être abaissé, versé, couché, contourné, et deux Chevrons peuvent être entrelacés, adossés, etc.

Quant aux autres figures qui composent les armoiries, on les met de diverses manières dans l'écu. Les animaux sont presque toujours tournés à droite ; c'est-à-dire qu'ils regardent le premier flanc de l'écu ; s'ils sont tournés à gauche on les appelle contournés.

Les figures pourraient aussi être posées selon la situation de toutes les pièces honorables, il y en a en outre un certain nombre que l'on met souvent l'une sur l'autre.

Exemples :

L'une sur l'autre.

2 : 2

3 : 3

3 : 3

3 : 1 : 3 etc.

Au reste, il faut avoir grand soin en blasonnant les armoiries, d'énoncer toutes les différentes positions des figures, dont on doit aussi compter le nombre, quelque grand qu'il soit, excepté lorsqu'elles remplissent de telle sorte l'écu qu'elles se perdent dans ses extrémités ; car alors on dit seulement que l'écu en est semé. Exemple :

D'argent, semé de fleurs de lys de sable.

Cela ne se dit pourtant pas ainsi de l'Echiqueté, du Vairé, du Losangé, du Fuselé et autres, quoiqu'ils remplissent tout l'écu. On en doit seulement compter les traits. Exemple :

Echiqueté d'argent et de gueules de cinq traits.

Pour l'Equipollé, il n'est ordinairement que de neuf pièces. En blasonnant, on dit : cinq points d'or, équipollés à quatre d'azur.

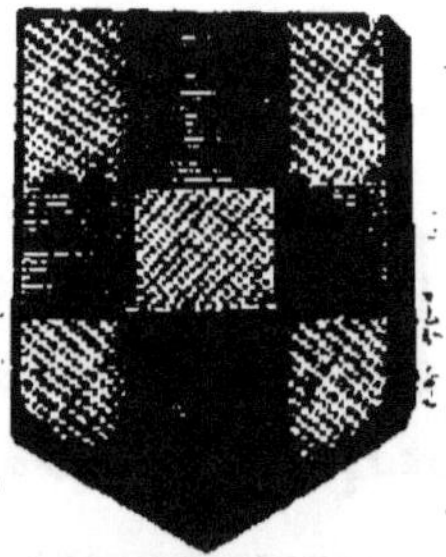

L'*Équipollé*.

Les Crénaux, qui sont des marques de noblesse, doivent se compter. Exemple :
D'argent a deux faces crénelées de gueules, la première de quatre pièces, la seconde de trois.

Les *Crénaux*.

On compte de même les Lambels. Exemple :
D'argent à un Lambel de gueules à trois pendants.

Le *Lambel*.

Jusqu'ici, nous n'avons pas parlé de deux positions qu'il est néanmoins très important de connaître, on les appelle de « l'un à l'autre », et de « l'un en l'autre », etc.

Voici *la position de l'un à l'autre*.

La position de l'un en l'autre.

Brochant sur le tout.

Sur le tout du tout.

CHAPITRE VIII

LA DISPOSITION DES FIGURES

DANS LES ARMOIRIES

Il y aurait une infinité de choses à dire sur ce sujet, je me contenterai seulement de faire voir ce qu'il importe le plus de savoir, afin de ne pas trop fatiguer la mémoire de ceux qui commencent à s'adonner à la science du Blason.

Voici comment blasonner les différentes dispositions où se trouvent les figures dans les armoiries :

Abaissé, terme qui se dit des figures qui sont plus basses que ne le demande leur situation ordinaire, comme des ailes dont le bout est abaissé vers la pointe de l'écu. *Osmont* porte : de gueules, au vol abaissé d'hermine.

Abaissé (Osmont).

Accroupi, animaux qui sont assis ou ramassés. *Pascal* porte : d'argent au singe accroupi de gueules.

Accroupi (Pascal).

Allumé ne se dit que d'un bucher ardent, d'un flambeau. *La Fare* porte : d'azur à trois flambeaux d'or, allumé de gueules.

Allumé (la Fare).

CHAPITRE IX

ORNEMENTS DES ARMOIRIES

On distingue trois sortes d'ornements, savoir : ceux au-dessus de l'Ecu, ceux qui sont à ses cotés et ceux qui l'environnent.

Les ornements que l'on met au-dessus de l'écu, sont : le timbre, le cimier, les devises et le cri de guerre.

Par le timbre, on comprend tout ce qui couvre le haut de l'écu, comme la couronne, le casque, le chapeau, la croix, la mitre, etc., etc.

COURONNES HÉRALDIQUES

1. Roi. — 2. Dauphin. — 3. Prince. — 4. Duc. —
5. Marquis. — 6. Comte. — 7. Vicomte. — 8. Vidame. —
9. Baron. — 10. Chevalier.

CASQUES HÉRALDIQUES

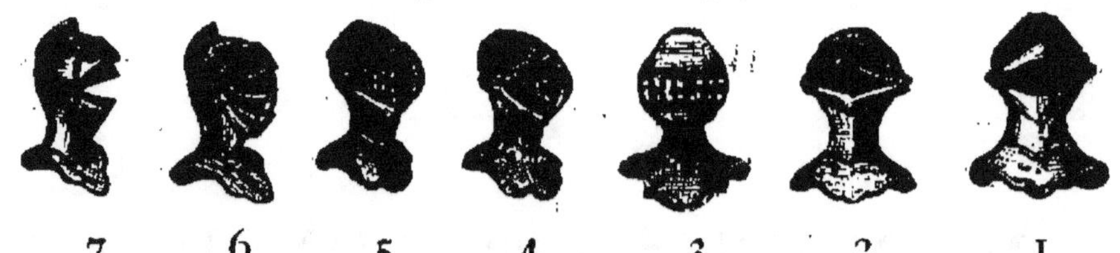

1. Souverain. — 2. Prince et duc. — 3. Marquis. —
4. Comte et vicomte. — 5. Baron. — 6. Gentilhomme. —
7. — Nouvel anobli.

Pour le cimier, il suffit de dire que c'est la pièce la plus élevée des armoiries, on peut le faire de toutes sortes de figures, de plumes, d'animaux, d'arbres, de lances, etc. Chacun peut faire son cimier, et le changer à sa fantaisie, parce que ce n'est pas une pièce fixe des armoiries.

Les devises et les cris de guerre se placent au-dessus de l'écu.

Il y a des devises de bien des sortes; on peut les composer de lettres, de mots, de sentences, de chiffres, de proverbes, de figures, etc.

Chacun fait sa devise de la manière qu'il veut, nous citerons pour exemple Du Butet, en Savoie : *La vertu, mon but est.*

Les cris de guerre ont été faits pour servir à rallier les troupes. Exemple : celui des Rois de France qui est : *Mont-Joie, Saint-Denis.* D'autres avaient pour but d'encourager les soldats : *Dieu le veut ! Dieu le veut !*

Enfin, il y a encore une infinité de pièces dont nous ne pourrions énumérer les noms, les ornements particuliers, du pape, de cardinaux, archevêques, évêques, seigneurs, abbés, princes, ducs, pairs, chevaliers, etc.

CHAPITRE X

DES ARMOIRIES

LES PLUS CONSIDÉRABLES

Nous en citerons, pour terminer, quelques-unes qui sont celles des royaumes, républiques, provinces, communautés, souverainetés, principautés, comtés, et enfin celles des domaines des nobles familles.

Exemple :

Maison du Luxembourg.

Maison du Luxembourg, porte : d'argent au lion de gueules, la queue nouée et passée en sautoir ; cet écu placé en cœur sur la croix des armes de Montmorency.

Maison de Lorraine a en chef les armes de quatre royaumes, et en pointe celles de quatre duchés.

Son écu est parti de trois et coupé d'un : Au premier quartier, burellé d'argent et de gueules de huit pièces, qui est de Hongrie ; au second, d'azur semé de fleurs de lys d'or, brisé d'un lambel de gueules de cinq pendants, qui est de Naples ; au troisième, d'argent, à la croix potencée d'or, cantonnée de quatre croisettes de même pour enquérir, qui est de Jérusalem ; au quatrième, d'or à quatre pals de gueules, qui est d'Arragon ; au cinquième, d'azur semé de fleurs de lys d'or à la bordure de gueules, qui est d'Anjou ; au sixième, d'azur au lion contourné d'or, couronné, armé et lampassé de gueules, qui est de Gueldres ; au septième, d'or au lion de sable, couronné, armé, et lampassé de gueules, qui est de Juliers ; au huitième, d'azur semé de croix, recroisettes au pied fiché d'or, à deux bars, adossés de même, allumés et dentés d'argent, qui est de Bar ; sur le tout, d'or à la bande de gueules, chargée de trois alerions d'argent, qui est de Lorraine.

Maison de Monaco porte : fuselé d'argent et de gueules.

TABLE

IMPRIMERIE L. MOEGLIN, 21, RUE VISCONTI, PARIS